HPS 1450

STEVE REICH

RUNNER

for Large Ensemble

HENDON MUSIC
BOOSEY & HAWKES

Commissioned by
Royal Opera House Covent Garden

Ensemble Signal
through New Music USA's Commissioning Music/USA program,
made possible by generous support from the Mary Flagler Cary Charitable Trust,
the Ford Foundation, the Francis Goelet Charitable Lead Trusts,
New York City Department of Cultural Affairs, New York State Council on the Arts,
the William and Flora Hewlett Foundation, and the Helen F. Whitaker Fund.

Cal Performances

University of California, Berkeley

Washington Performing Arts, with the support of the Library of Congress
Dina Koston and Roger Shapiro Fund

Ensemble Modern
With kind support by the City of Frankfurt am Main

First performance on November 10, 2016
Royal Opera House, London
Wayne McGregor, Choreographer
Royal Ballet, Koen Kessels Conductor

NOTE BY THE COMPOSER

Runner, for a large ensemble of winds, percussion, pianos and strings was completed in 2016 and is about 16 minutes in duration. While the tempo remains more or less constant, there are five movements, played without pause, that are based on different note durations. First even sixteenths, then irregularly accented eighths, then a very slowed down version of the standard bell pattern from Ghana, fourth a return to the irregularly accented eighths and finally a return to the sixteenths but now played as pulses by the winds for as long as a breath will comfortably sustain them. The title was suggested by the rapid opening and my awareness that, like a runner, I would have to pace the piece to reach a successful conclusion.

– Steve Reich, 2016

ANMERKUNGEN DES KOMPONISTEN

Runner ist ein sechzehn-minütiges für Bläser, Perkussion, Piano und Streicher komponiertes Werk speziell für grosse Ensembles. Es besteht aus fünf Sätzen, welche in mehr oder wenigen gleichen Tempi ohne Pause gespielt werden. Zuerst werden gerade, dann unregelmässig akzentuierte Achtelnoten gespielt. Darauf folgt eine sehr langsame Version eines traditionell gespielten ghanischen Glockenpatterns. Anschliessend erfolgt die Rückkehr zu den unregelmässig akzentuierten Achteln und schließlich zu den Sechzehnteln, die nun aber von den Bläßern über die Länge eines entspannten Atemzug als Puls gespielt werden. Der Name des Werkes ergab sich praktisch von selbst, wirkt es doch wie ein Läufer, der sein Tempo gekonnt dosieren muss um eine bestmögliche Leistung zu erzielen.

– Steve Reich, 2016

NOTE DU COMPOSITEUR

Runner est une œuvre destinée à une grande formation de bois, percussion, pianos et cordes, qui date de 2016 et dure environ 16 minutes. La pièce est articulée en cinq mouvements enchaînés sans interruption, sur un *tempo* plus ou moins constant, et respectivement fondés sur différentes durées de notes. Les doubles croches égales initiales sont suivies, en deuxième lieu, de croches accentuées de façon irrégulière, puis d'une version très ralentie du motif familier des cloches ghanéennes. Le retour, en quatrième lieu, des croches accentuées inégalement, précède celui des doubles croches liminaires jouées, cette fois, en pulsations par les vents aussi longtemps que le souffle humain peut les tenir sans souffrir. Le titre fut inspiré par le mouvement introductif rapide de cette pièce et par la conscience de la nécessité de régler, comme le ferait un coureur *(runner)*, l'allure de la pièce afin de la mener vers sa conclusion aboutie.

– Steve Reich, 2016

STAGE SETUP

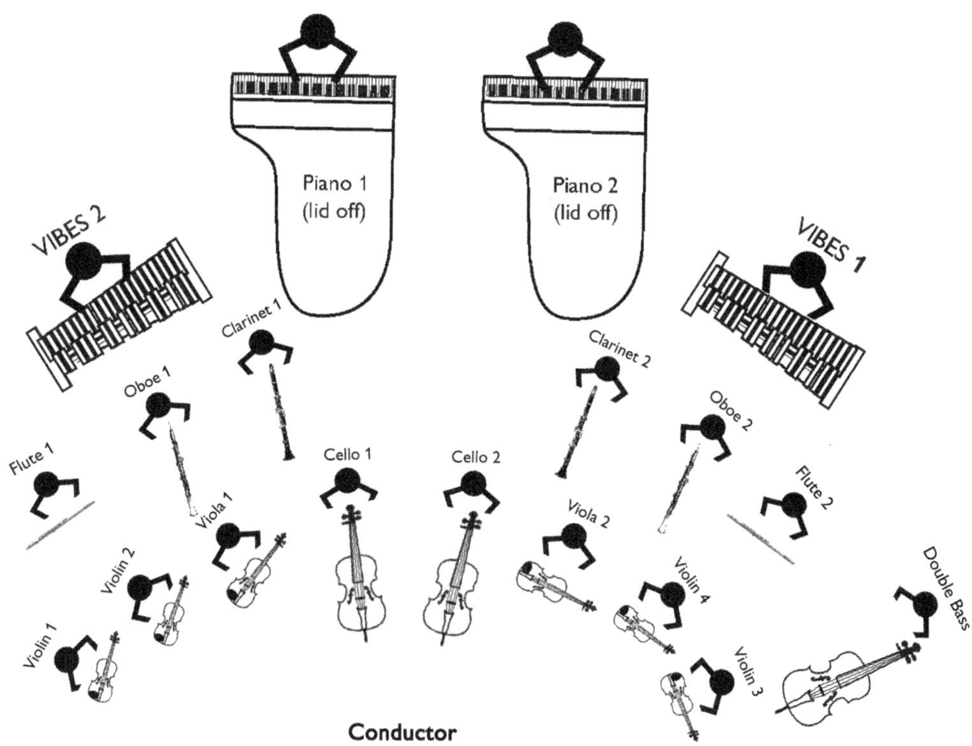
Piano 1
(lid off)
Piano 2
(lid off)
VIBES 2
VIBES 1
Clarinet 1
Clarinet 2
Oboe 1
Oboe 2
Flute 1
Flute 2
Cello 1
Cello 2
Viola 1
Viola 2
Violin 1
Violin 2
Violin 3
Violin 4
Double Bass
Conductor

INSTRUMENTATION

2 Flutes
2 Oboes
2 B♭ Clarinets

2 Vibraphones
2 Pianos

4 Violins
2 Violas
2 Violoncellos
Double Bass

Duration: *ca.* 16 minutes

All instruments may need to be somewhat amplified
if the performance is in a hall exceeding 500 seats.

SCORE IN C

RUNNER

STEVE REICH
(2016)

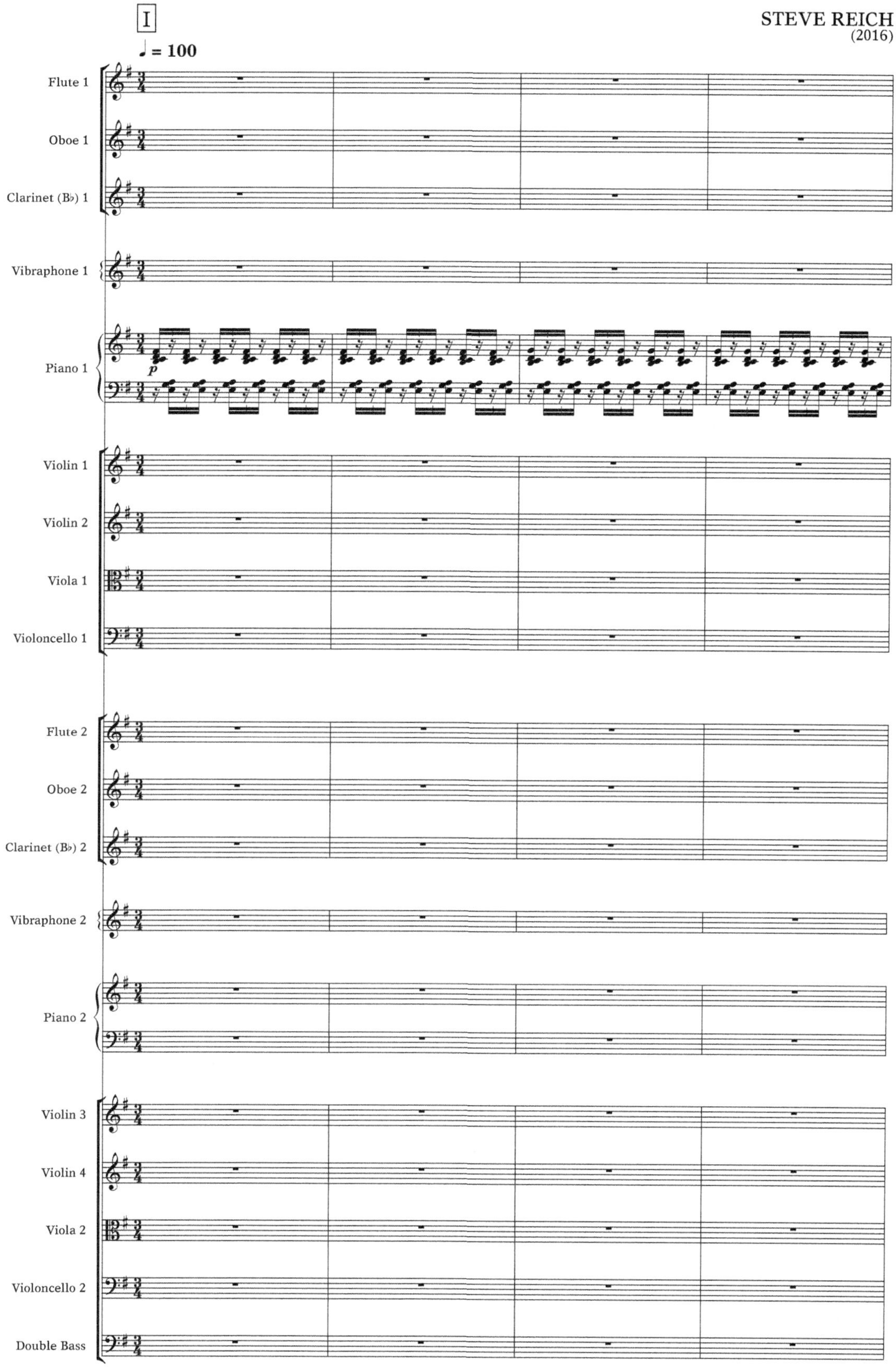

979-0-051-21450-1

First Printed 2021
Printed in USA

5
8
Fl. 1
mp
Ob. 1
Cl. 1
Vib. 1
Pno. 1
Vn. 1
mf
Vn. 2
Va. 1
Vc. 1
Fl. 2
mp
Ob. 2
Cl. 2
Vib. 2
Pno. 2
Vn. 3
mf
Vn. 4
Va. 2
Vc. 2
Db.

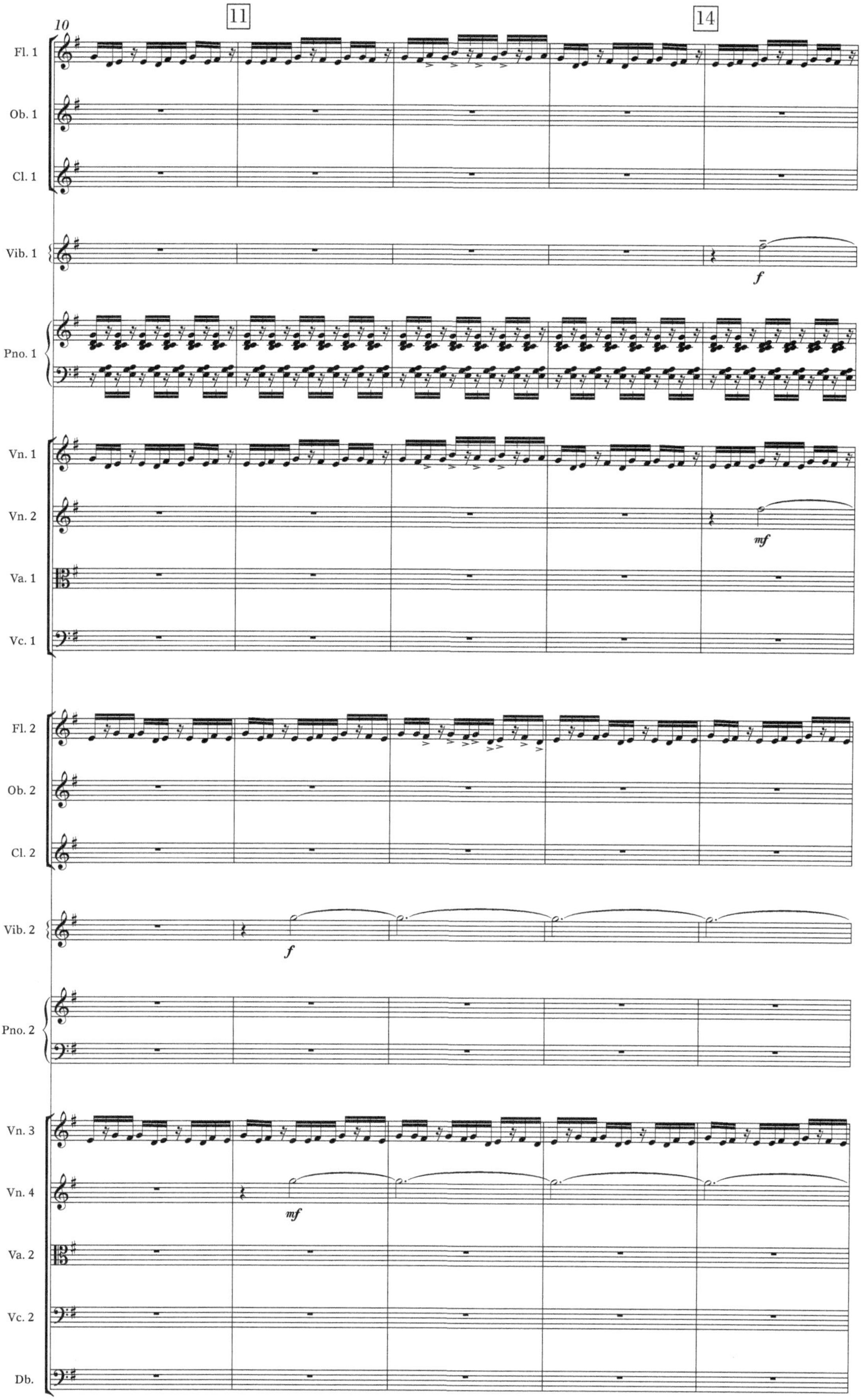
10
11
14
Fl. 1
Ob. 1
Cl. 1
Vib. 1
f
Pno. 1
Vn. 1
Vn. 2
mf
Va. 1
Vc. 1
Fl. 2
Ob. 2
Cl. 2
Vib. 2
f
Pno. 2
Vn. 3
Vn. 4
mf
Va. 2
Vc. 2
Db.

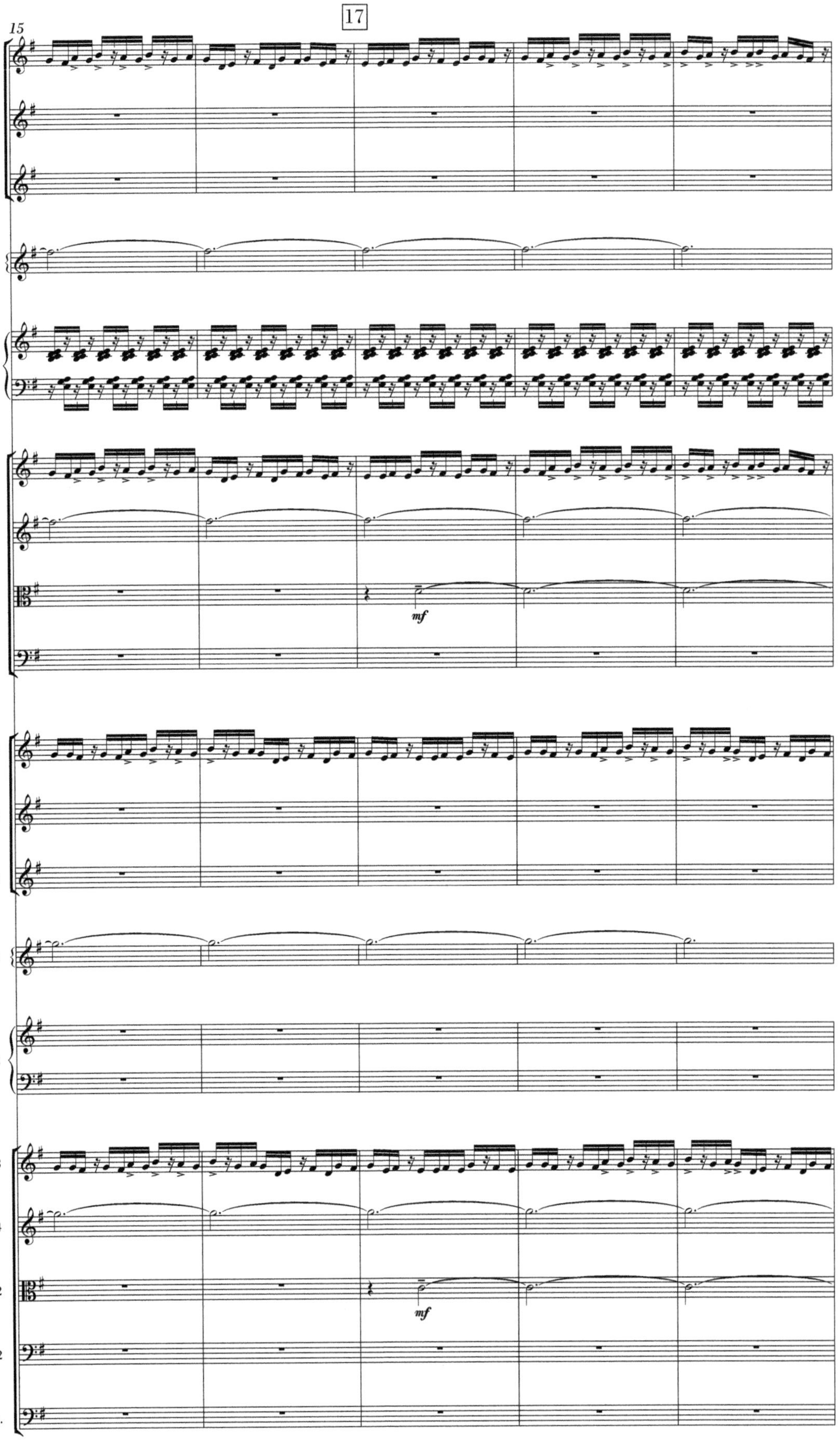
17
15
Fl. 1
Ob. 1
Cl. 1
Vib. 1
Pno. 1
Vn. 1
Vn. 2
Va. 1
mf
Vc. 1
Fl. 2
Ob. 2
Cl. 2
Vib. 2
Pno. 2
Vn. 3
Vn. 4
Va. 2
mf
Vc. 2
Db.

20
23
Fl. 1
Ob. 1
Cl. 1
Vib. 1
Pno. 1
Vn. 1
Vn. 2
Va. 1
Vc. 1
mf
Fl. 2
Ob. 2
Cl. 2
Vib. 2
Pno. 2
Vn. 3
Vn. 4
Va. 2
Vc. 2
mf
Db.
mf

26
25
Fl. 1
Ob. 1
mp
Cl. 1
Vib. 1
f
Pno. 1
Vn. 1
Vn. 2
Va. 1
Vc. 1
Fl. 2
Ob. 2
mp
Cl. 2
Vib. 2
f
Pno. 2
Vn. 3
Vn. 4
Va. 2
Vc. 2
Db.

29
32
Fl. 1
Ob. 1
Cl. 1
Vib. 1
Pno. 1
Vn. 1
Vn. 2
Va. 1
Vc. 1
Fl. 2
Ob. 2
Cl. 2
Vib. 2
Pno. 2
Vn. 3
Vn. 4
Va. 2
Vc. 2
Db.

35
38
34
Fl. 1
Ob. 1
Cl. 1
Vib. 1
Pno. 1
Vn. 1
Vn. 2
Va. 1
Vc. 1
Fl. 2
Ob. 2
Cl. 2
Vib. 2
Pno. 2
Vn. 3
Vn. 4
Va. 2
Vc. 2
Db.

39
41
Fl. 1
Ob. 1
Cl. 1
Vib. 1
Pno. 1
Vn. 1
Vn. 2
Va. 1
Vc. 1
Fl. 2
Ob. 2
Cl. 2
Vib. 2
Pno. 2
Vn. 3
Vn. 4
Va. 2
Vc. 2
Db.
mf

44
47
Fl. 1
Ob. 1
Cl. 1
Vib. 1
Pno. 1
Vn. 1
Vn. 2
Va. 1
Vc. 1
Fl. 2
Ob. 2
Cl. 2
Vib. 2
Pno. 2
Ped.
Ped.
Vn. 3
Vn. 4
Va. 2
Vc. 2
Db.

49
50
Fl. 1
Ob. 1
Cl. 1
Vib. 1
Pno. 1
Vn. 1
Vn. 2
Va. 1
Vc. 1
Fl. 2
Ob. 2
Cl. 2
Vib. 2
Pno. 2
Vn. 3
Vn. 4
Va. 2
Vc. 2
Db.

54
55
Fl. 1
Ob. 1
Cl. 1
Vib. 1
Pno. 1
Vn. 1
Vn. 2
Va. 1
Vc. 1
Fl. 2
Ob. 2
Cl. 2
Vib. 2
Pno. 2
Vn. 3
Vn. 4
Va. 2
Vc. 2
Db.

59
63
Fl. 1
Ob. 1
Cl. 1
Vib. 1
Pno. 1
Vn. 1
Vn. 2
Va. 1
Vc. 1
Fl. 2
Ob. 2
Cl. 2
Vib. 2
Pno. 2
Vn. 3
Vn. 4
Va. 2
Vc. 2
Db.

64
67
Fl. 1
Ob. 1
Cl. 1
Vib. 1
mf
Pno. 1
p
non vib. sempre
Vn. 1
mf
non vib. sempre
Vn. 2
p
non vib. sempre
Va. 1
p
non vib. sempre
Vc. 1
Fl. 2
Ob. 2
Cl. 2
Vib. 2
mp
Pno. 2
Vn. 3
Vn. 4
Va. 2
non vib. sempre
Vc. 2
Db.

69
73
Fl. 1
Ob. 1
Cl. 1
Vib. 1
Pno. 1
Vn. 1
Vn. 2
Va. 1
Vc. 1
Fl. 2
Ob. 2
Cl. 2
Vib. 2
Pno. 2
Vn. 3
Vn. 4
Va. 2
Vc. 2
Db.
non vib. sempre
mf

78
74
Fl. 1
Ob. 1
Cl. 1
Vib. 1
Pno. 1
Vn. 1
Vn. 2
Va. 1
Vc. 1
Fl. 2
Ob. 2
Cl. 2
Vib. 2
Pno. 2
Vn. 3
Vn. 4
non vib. sempre
mp
Va. 2
Vc. 2
Db.

79
Fl. 1
Ob. 1
Cl. 1
Vib. 1
Pno. 1
Vn. 1
Vn. 2
Va. 1
Vc. 1
Fl. 2
Ob. 2
Cl. 2
Vib. 2
Pno. 2
Vn. 3
Vn. 4
Va. 2
Vc. 2
Db.

84
Fl. 1
Ob. 1
Cl. 1
Vib. 1
Pno. 1
Vn. 1
Vn. 2
Va. 1
Vc. 1
Fl. 2
Ob. 2
Cl. 2
Vib. 2
Pno. 2
Vn. 3
non vib. sempre
Vn. 4
mf
Va. 2
Vc. 2
Db.

89
Fl. 1
Ob. 1
Cl. 1
Vib. 1
Pno. 1
Vn. 1
Vn. 2
non vib. sempre
mf
Va. 1
Vc. 1
Fl. 2
Ob. 2
Cl. 2
Vib. 2
Pno. 2
Vn. 3
Vn. 4
Va. 2
Vc. 2
Db.

94
95
Fl. 1
Ob. 1
Cl. 1
Vib. 1
Pno. 1
Vn. 1
Vn. 2
Va. 1
Vc. 1
Fl. 2
Ob. 2
Cl. 2
Vib. 2
Pno. 2
Vn. 3
Vn. 4
Va. 2
Vc. 2
Db.

98
100
Fl. 1
Ob. 1
Cl. 1
Vib. 1
Pno. 1
Vn. 1
Vn. 2
Va. 1
Vc. 1
Fl. 2
Ob. 2
Cl. 2
Vib. 2
Pno. 2
Vn. 3
Vn. 4
Va. 2
Vc. 2
Db.

105
103
Fl. 1
Ob. 1
Cl. 1
Vib. 1
Pno. 1
Vn. 1
Vn. 2
Va. 1
Vc. 1
Fl. 2
Ob. 2
Cl. 2
Vib. 2
Pno. 2
Vn. 3
Vn. 4
Va. 2
Vc. 2
Db.

108
110
Fl. 1
Ob. 1
Cl. 1
Vib. 1
Pno. 1
Vn. 1
Vn. 2
Va. 1
Vc. 1
Fl. 2
Ob. 2
Cl. 2
Vib. 2
Pno. 2
Vn. 3
Vn. 4
Va. 2
Vc. 2
Db.

113
Fl. 1
Ob. 1
Cl. 1
Vib. 1
Pno. 1
Vn. 1
Vn. 2
Va. 1
Vc. 1
Fl. 2
Ob. 2
Cl. 2
Vib. 2
Pno. 2
Vn. 3
Vn. 4
Va. 2
Vc. 2
Db.

118
Fl. 1
Ob. 1
Cl. 1
Vib. 1
Pno. 1
Vn. 1
Vn. 2
Va. 1
Vc. 1
Fl. 2
Ob. 2
Cl. 2
Vib. 2
Pno. 2
Vn. 3
Vn. 4
Va. 2
Vc. 2
Db.

123
Fl. 1
Ob. 1
Cl. 1
Vib. 1
Pno. 1
Vn. 1
Vn. 2
Va. 1
Vc. 1
Fl. 2
Ob. 2
Cl. 2
Vib. 2
Pno. 2
Vn. 3
Vn. 4
Va. 2
Vc. 2
Db.

128
Fl. 1
Ob. 1
Cl. 1
Vib. 1
Pno. 1
Vn. 1
Vn. 2
Va. 1
Vc. 1
Fl. 2
Ob. 2
Cl. 2
Vib. 2
Pno. 2
Vn. 3
Vn. 4
Va. 2
Vc. 2
Db.
p
mp
Ped.

133
Fl. 1
Ob. 1
Cl. 1
Vib. 1
Pno. 1
Vn. 1
Vn. 2
Va. 1
Vc. 1
Fl. 2
Ob. 2
Cl. 2
Vib. 2
Pno. 2
Vn. 3
Vn. 4
Va. 2
Vc. 2
Db.

138
Fl. 1
Ob. 1
Cl. 1
Vib. 1
Pno. 1
Vn. 1
Vn. 2
Va. 1
Vc. 1
Fl. 2
Ob. 2
Cl. 2
Vib. 2
Pno. 2
Vn. 3
Vn. 4
Va. 2
Vc. 2
Db.

142
Fl. 1
Ob. 1
Cl. 1
Vib. 1
Pno. 1
Vn. 1
Vn. 2
Va. 1
Vc. 1
Fl. 2
Ob. 2
Cl. 2
Vib. 2
Pno. 2
Vn. 3
Vn. 4
Va. 2
Vc. 2
Db.

146
Fl. 1
Ob. 1
Cl. 1
Vib. 1
Pno. 1
Vn. 1
Vn. 2
Va. 1
Vc. 1
Fl. 2
Ob. 2
Cl. 2
Vib. 2
Pno. 2
Vn. 3
Vn. 4
Va. 2
Vc. 2
Db.
mf
mf

II
150
Fl. 1
Ob. 1
Cl. 1
Vib. 1
sempre tenuto
Pno. 1
Vn. 1
Vn. 2
Va. 1
Vc. 1
Fl. 2
Ob. 2
Cl. 2
Vib. 2
Pno. 2
Vn. 3
Vn. 4
Va. 2
Vc. 2
Db.

156
Fl. 1
Ob. 1
Cl. 1
Vib. 1
mf
Pno. 1
Vn. 1
Vn. 2
p
f
Va. 1
Vc. 1
Fl. 2
mf
Ob. 2
Cl. 2
Vib. 2
mf
Pno. 2
Vn. 3
f
Vn. 4
Va. 2
Vc. 2
Db.

162
Fl. 1
Ob. 1
Cl. 1
Vib. 1
Pno. 1
Vn. 1
Vn. 2
mp
Va. 1
Vc. 1
mp
p
Fl. 2
Ob. 2
Cl. 2
Vib. 2
Pno. 2
Vn. 3
Vn. 4
Va. 2
Vc. 2
Db.

168
Fl. 1
Ob. 1
Cl. 1
Vib. 1
Pno. 1
Vn. 1
Vn. 2
mf
Va. 1
Vc. 1
Fl. 2
Ob. 2
Cl. 2
Vib. 2
Pno. 2
Vn. 3
Vn. 4
Va. 2
Vc. 2
Db.

173
Fl. 1
Ob. 1
Cl. 1
Vib. 1
Pno. 1
Vn. 1
Vn. 2
Va. 1
Vc. 1
Fl. 2
Ob. 2
Cl. 2
Vib. 2
Pno. 2
Vn. 3
Vn. 4
Va. 2
Vc. 2
Db.

178
Fl. 1
Ob. 1
Cl. 1
Vib. 1
Pno. 1
Vn. 1
Vn. 2
Va. 1
Vc. 1
Fl. 2
Ob. 2
Cl. 2
Vib. 2
Pno. 2
Vn. 3
Vn. 4
Va. 2
Vc. 2
Db.
mp
Ped.

182
Fl. 1
Ob. 1
Cl. 1
Vib. 1
Pno. 1
Vn. 1
Vn. 2
Va. 1
mp
Vc. 1
p
Fl. 2
Ob. 2
Cl. 2
Vib. 2
Pno. 2
mp
Vn. 3
Vn. 4
mp
Va. 2
mp
Vc. 2
mp
Db.

186
Fl. 1
Ob. 1
Cl. 1
Vib. 1
Pno. 1
Vn. 1
Vn. 2
Va. 1
Vc. 1
Fl. 2
Ob. 2
Cl. 2
Vib. 2
Pno. 2
Vn. 3
Vn. 4
Va. 2
Vc. 2
Db.
mf
mp

192
Fl. 1
Ob. 1
Cl. 1
Vib. 1
Pno. 1
Vn. 1
Vn. 2
Va. 1
Vc. 1
Fl. 2
Ob. 2
Cl. 2
Vib. 2
Pno. 2
Vn. 3
Vn. 4
Va. 2
Vc. 2
mp
Db.

III
198
Fl. 1
Ob. 1
Cl. 1
Vib. 1
sempre tenuto
Pno. 1
Vn. 1
Vn. 2
Va. 1
Vc. 1
Fl. 2
Ob. 2
Cl. 2
Vib. 2
Pno. 2
Ped.
Vn. 3
Vn. 4
Va. 2
Vc. 2
Db.

204
Fl. 1
Ob. 1
Cl. 1
Vib. 1
Pno. 1
Vn. 1
Vn. 2
Va. 1
mf
Vc. 1
Fl. 2
Ob. 2
Cl. 2
Vib. 2
Pno. 2
Ped.
Vn. 3
Vn. 4
mp
Va. 2
Vc. 2
Db.

210
Fl. 1
Ob. 1
Cl. 1
Vib. 1
Pno. 1
Vn. 1
Vn. 2
Va. 1
Vc. 1
Fl. 2
Ob. 2
Cl. 2
Vib. 2
Pno. 2
Vn. 3
Vn. 4
Va. 2
Vc. 2
Db.

218
216
Fl. 1
Ob. 1
Cl. 1
Vib. 1
Pno. 1
Vn. 1
Vn. 2
Va. 1
Vc. 1
Fl. 2
Ob. 2
Cl. 2
Vib. 2
Pno. 2
Vn. 3
Vn. 4
Va. 2
Vc. 2
Db.
mf
f
8

224
222
Fl. 1
Ob. 1
Cl. 1
Vib. 1
Pno. 1
Vn. 1
Vn. 2
Va. 1
Vc. 1
Fl. 2
Ob. 2
mf
Cl. 2
Vib. 2
(8)
Pno. 2
Vn. 3
Vn. 4
Va. 2
Vc. 2
Db.

228
230
Fl. 1
Ob. 1
Cl. 1
Vib. 1
Pno. 1
Vn. 1
Vn. 2
Va. 1
Vc. 1
Fl. 2
Ob. 2
Cl. 2
Vib. 2
Pno. 2
Vn. 3
Vn. 4
Va. 2
Vc. 2
Db.

234
238
Fl. 1
Ob. 1
Cl. 1
Vib. 1
Pno. 1
Vn. 1
Vn. 2
Va. 1
Vc. 1
Fl. 2
Ob. 2
Cl. 2
Vib. 2
Pno. 2
Vn. 3
Vn. 4
Va. 2
Vc. 2
Db.

240
Fl. 1
Ob. 1
Cl. 1
Vib. 1
Pno. 1
Vn. 1
Vn. 2
Va. 1
Vc. 1
Fl. 2
Ob. 2
Cl. 2
Vib. 2
Pno. 2
Vn. 3
Vn. 4
Va. 2
Vc. 2
Db.

245
Fl. 1
Ob. 1
Cl. 1
Vib. 1
Pno. 1
Vn. 1
Vn. 2
Va. 1
Vc. 1
Fl. 2
Ob. 2
Cl. 2
Vib. 2
Pno. 2
Vn. 3
Vn. 4
Va. 2
Vc. 2
Db.

250
Fl. 1
Ob. 1
Cl. 1
Vib. 1
Pno. 1
Vn. 1
Vn. 2
Va. 1
Vc. 1
Fl. 2
Ob. 2
Cl. 2
Vib. 2
Ped.
Pno. 2
Ped.
Vn. 3
Vn. 4
Va. 2
Vc. 2
Db.

258
255
Fl. 1
Ob. 1
Cl. 1
Vib. 1
Ped.
Pno. 1
Vn. 1
Vn. 2
Va. 1
Vc. 1
Fl. 2
Ob. 2
mp
Cl. 2
Vib. 2
Pno. 2
Vn. 3
Vn. 4
Va. 2
Vc. 2
mf
Db.

260
Fl. 1
Ob. 1
Cl. 1
Vib. 1
Pno. 1
Vn. 1
Vn. 2
Va. 1
Vc. 1
Fl. 2
Ob. 2
Cl. 2
Vib. 2
Pno. 2
Vn. 3
Vn. 4
Va. 2
Vc. 2
Db.
mf
f
mp
Ped.

265
Fl. 1
Ob. 1
Cl. 1
Vib. 1
Pno. 1
Vn. 1
Vn. 2
mf
Va. 1
Vc. 1
Fl. 2
Ob. 2
Cl. 2
Vib. 2
Pno. 2
Vn. 3
Vn. 4
Va. 2
mf
Vc. 2
Db.

IV
270
Fl. 1
Ob. 1
Cl. 1
Vib. 1
Pno. 1
Vn. 1
Vn. 2
Va. 1
Vc. 1
Fl. 2
Ob. 2
Cl. 2
Vib. 2
Pno. 2
sempre tenuto
Vn. 3
Vn. 4
Va. 2
Vc. 2
Db.

276
280
Fl. 1
Ob. 1
Cl. 1
Vib. 1
Pno. 1
Vn. 1
Vn. 2
Va. 1
Vc. 1
Fl. 2
Ob. 2
Cl. 2
Vib. 2
Pno. 2
Vn. 3
Vn. 4
Va. 2
Vc. 2
Db.
mf
mf

282
Fl. 1
Ob. 1
Cl. 1
Vib. 1
Pno. 1
Vn. 1
Vn. 2
Va. 1
Vc. 1
Fl. 2
Ob. 2
Cl. 2
Vib. 2
Pno. 2
Vn. 3
Vn. 4
Va. 2
Vc. 2
Db.

288
Fl. 1
Ob. 1
Cl. 1
Vib. 1
Pno. 1
Vn. 1
Vn. 2
Va. 1
Vc. 1
Fl. 2
Ob. 2
Cl. 2
Vib. 2
Pno. 2
Vn. 3
Vn. 4
Va. 2
Vc. 2
Db.
p
(mf)
f
Ped.

296
294
Fl. 1
Ob. 1
Cl. 1
Vib. 1
Pno. 1
Vn. 1
Vn. 2
Va. 1
Vc. 1
Fl. 2
Ob. 2
Cl. 2
Vib. 2
Pno. 2
Vn. 3
Vn. 4
Va. 2
Vc. 2
Db.
mf
Ped.

300
Fl. 1
Ob. 1
Cl. 1
Vib. 1
Pno. 1
Vn. 1
mp
Vn. 2
mp
Va. 1
mp
Vc. 1
Fl. 2
Ob. 2
mp
Cl. 2
mp
Vib. 2
Pno. 2
Vn. 3
Vn. 4
mp
Va. 2
mp
Vc. 2
mp
Db.

308
306
Fl. 1
Ob. 1
Cl. 1
Vib. 1
Ped.
Pno. 1
(mf)
Ped.
Vn. 1
Vn. 2
Va. 1
Vc. 1
Fl. 2
Ob. 2
Cl. 2
Vib. 2
mp
Pno. 2
Vn. 3
Vn. 4
Va. 2
Vc. 2
Db.

312
Fl. 1
mf
Ob. 1
mf
Cl. 1
mf
Vib. 1
Pno. 1
Vn. 1
mf
Vn. 2
mf
Va. 1
Vc. 1
Fl. 2
mf
Ob. 2
mf
Cl. 2
mf
Vib. 2
Ped.
Pno. 2
Vn. 3
mf
Vn. 4
mf
Va. 2
mf
Vc. 2
Db.

318
Fl. 1
Ob. 1
Cl. 1
Vib. 1
f
Pno. 1
Vn. 1
Vn. 2
Va. 1
mf
Vc. 1
Fl. 2
Ob. 2
Cl. 2
Vib. 2
f
Pno. 2
Vn. 3
Vn. 4
Va. 2
Vc. 2
mf
Db.

324
326
Fl. 1
Ob. 1
Cl. 1
Vib. 1
Pno. 1
Vn. 1
Vn. 2
Va. 1
Vc. 1
Fl. 2
Ob. 2
Cl. 2
Vib. 2
Pno. 2
Vn. 3
Vn. 4
Va. 2
Vc. 2
Db.

330
Fl. 1
Ob. 1
Cl. 1
Vib. 1
Ped.
Pno. 1
Ped.
Vn. 1
Vn. 2
Va. 1
Vc. 1
Fl. 2
Ob. 2
Cl. 2
mp
Vib. 2
Pno. 2
Vn. 3
Vn. 4
Va. 2
Vc. 2
Db.

338
336
Fl. 1
Ob. 1
Cl. 1
Vib. 1
Pno. 1
Vn. 1
Vn. 2
Va. 1
Vc. 1
Fl. 2
Ob. 2
Cl. 2
Vib. 2
Pno. 2
Vn. 3
Vn. 4
Va. 2
Vc. 2
Db.
mf
mp

342
Fl. 1
Ob. 1
Cl. 1
Vib. 1
Pno. 1
Vn. 1
Vn. 2
Va. 1
f
Vc. 1
Fl. 2
f
Ob. 2
Cl. 2
Vib. 2
Pno. 2
Vn. 3
Vn. 4
Va. 2
Vc. 2
Db.

348
Fl. 1
Ob. 1
f
Cl. 1
Vib. 1
Pno. 1
Vn. 1
Vn. 2
Va. 1
Vc. 1
Fl. 2
Ob. 2
f
Cl. 2
Vib. 2
Pno. 2
Vn. 3
Vn. 4
Va. 2
Vc. 2
Db.

353
Fl. 1
Ob. 1
Cl. 1
Vib. 1
Pno. 1
Vn. 1
Vn. 2
Va. 1
Vc. 1
Fl. 2
Ob. 2
Cl. 2
Vib. 2
Pno. 2
Vn. 3
Vn. 4
mf
Va. 2
Vc. 2
Db.

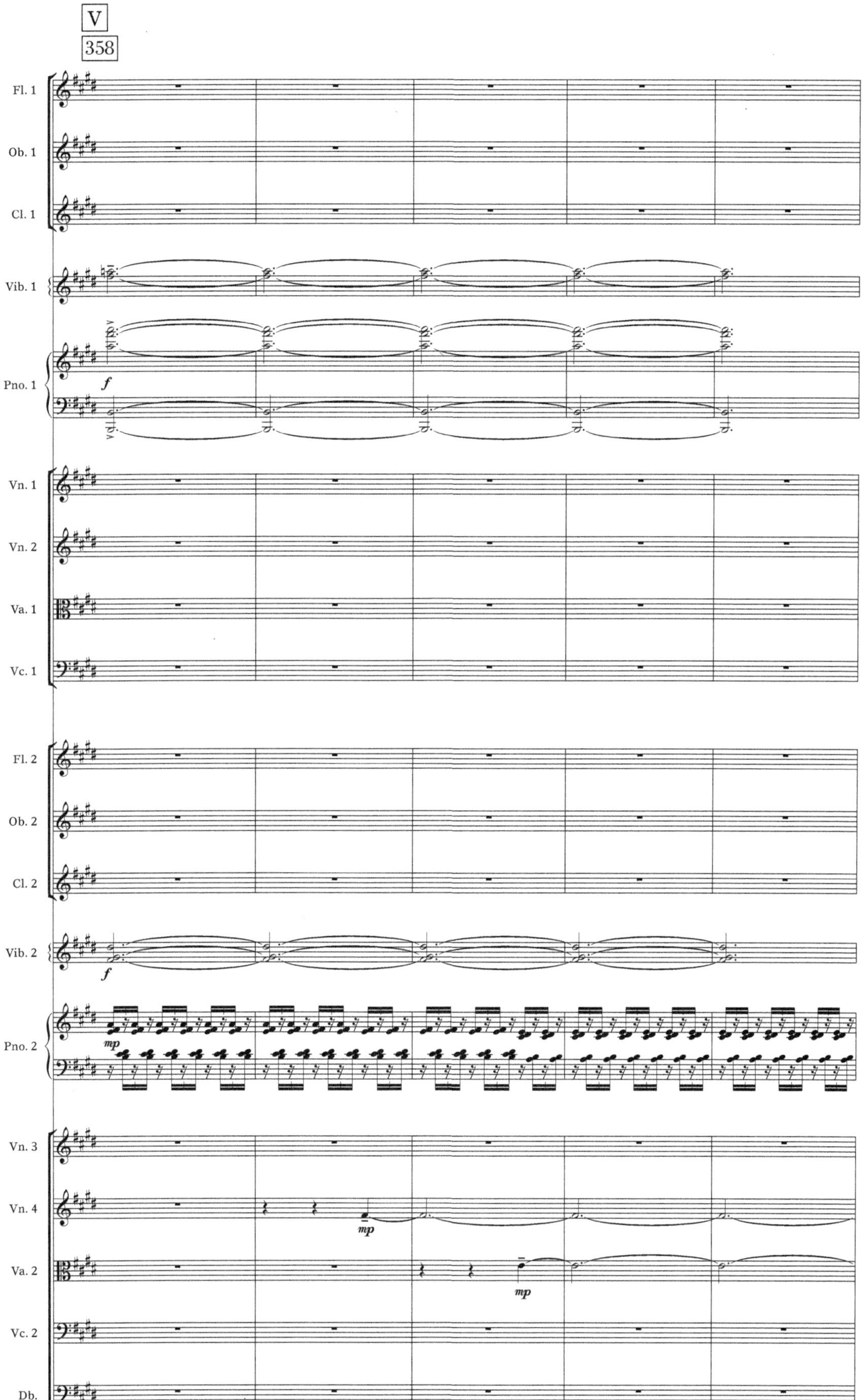
V
358
Fl. 1
Ob. 1
Cl. 1
Vib. 1
Pno. 1
f
Vn. 1
Vn. 2
Va. 1
Vc. 1
Fl. 2
Ob. 2
Cl. 2
Vib. 2
f
Pno. 2
mp
Vn. 3
Vn. 4
mp
Va. 2
mp
Vc. 2
Db.

366
363
Fl. 1
Ob. 1
Cl. 1
mf
Vib. 1
Pno. 1
mp
Vn. 1
f
Vn. 2
Va. 1
Vc. 1
Fl. 2
Ob. 2
Cl. 2
mf
Vib. 2
Pno. 2
Vn. 3
f
Vn. 4
Va. 2
Vc. 2
p
Db.

368
Fl. 1
Ob. 1
Cl. 1
Vib. 1
Pno. 1
Vn. 1
Vn. 2
Va. 1
Vc. 1
Fl. 2
Ob. 2
Cl. 2
Vib. 2
Pno. 2
Vn. 3
Vn. 4
Va. 2
Vc. 2
Db.

373
Fl. 1
Ob. 1
Cl. 1
Vib. 1
Pno. 1
Vn. 1
Vn. 2
Va. 1
Vc. 1
p
Fl. 2
Ob. 2
Cl. 2
Vib. 2
Pno. 2
Vn. 3
Vn. 4
Va. 2
Vc. 2
Db.

378
Fl. 1
Ob. 1
Cl. 1
Vib. 1
Pno. 1
Vn. 1
Vn. 2
Va. 1
Vc. 1
Fl. 2
Ob. 2
Cl. 2
Vib. 2
Pno. 2
Vn. 3
Vn. 4
Va. 2
Vc. 2
Db.

383
Fl. 1
Ob. 1
Cl. 1
Vib. 1
Pno. 1
Vn. 1
Vn. 2
Va. 1
Vc. 1
Fl. 2
mf
Ob. 2
Cl. 2
Vib. 2
Pno. 2
Vn. 3
Vn. 4
Va. 2
Vc. 2
Db.

388
Fl. 1
Ob. 1
Cl. 1
Vib. 1
Pno. 1
Vn. 1
Vn. 2
Va. 1
Vc. 1
Fl. 2
Ob. 2
Cl. 2
Vib. 2
Pno. 2
Vn. 3
Vn. 4
Va. 2
Vc. 2
Db.

392
Fl. 1
Ob. 1
Cl. 1
Vib. 1
Pno. 1
Vn. 1
Vn. 2
Va. 1
Vc. 1
Fl. 2
Ob. 2
Cl. 2
Vib. 2
Pno. 2
Vn. 3
Vn. 4
Va. 2
Vc. 2
Db.

396
Fl. 1
Ob. 1
Cl. 1
(mf)
Vib. 1
Pno. 1
Vn. 1
f
Vn. 2
mf
Va. 1
Vc. 1
Fl. 2
Ob. 2
Cl. 2
mf
Vib. 2
Pno. 2
Vn. 3
(f)
Vn. 4
Va. 2
Vc. 2
Db.

401
Fl. 1
Ob. 1
Cl. 1
Vib. 1
Pno. 1
Vn. 1
Vn. 2
Va. 1
Vc. 1
Fl. 2
Ob. 2
Cl. 2
Vib. 2
Pno. 2
Vn. 3
Vn. 4
Va. 2
Vc. 2
Db.
p
mf
mp

406
408
Fl. 1
Ob. 1
Cl. 1
Vib. 1
Pno. 1
Vn. 1
Vn. 2
Va. 1
Vc. 1
Fl. 2
Ob. 2
Cl. 2
Vib. 2
f
Pno. 2
f
Vn. 3
Vn. 4
Va. 2
mf
Vc. 2
Db.

411
Fl. 1
Ob. 1
Cl. 1
Vib. 1
mp
Pno. 1
Vn. 1
Vn. 2
Va. 1
Vc. 1
Fl. 2
mf
Ob. 2
mp
Cl. 2
Vib. 2
Pno. 2
Vn. 3
Vn. 4
Va. 2
Vc. 2
Db.

415
Fl. 1
Ob. 1
Cl. 1
Vib. 1
Pno. 1
Vn. 1
Vn. 2
Va. 1
Vc. 1
p
Fl. 2
Ob. 2
Cl. 2
Vib. 2
Pno. 2
Vn. 3
Vn. 4
Va. 2
Vc. 2
Db.

420
419
Fl. 1
Ob. 1
Cl. 1
Vib. 1
Pno. 1
Vn. 1
Vn. 2
Va. 1
Vc. 1
Fl. 2
Ob. 2
Cl. 2
Vib. 2
Pno. 2
Vn. 3
Vn. 4
Va. 2
Vc. 2
Db.

423
Fl. 1
Ob. 1
Cl. 1
Vib. 1
Pno. 1
Vn. 1
Vn. 2
Va. 1
Vc. 1
Fl. 2
Ob. 2
Cl. 2
Vib. 2
Ped.
Pno. 2
Vn. 3
Vn. 4
Va. 2
Vc. 2
Db.

429
427
Fl. 1
Ob. 1
Cl. 1
Vib. 1
Pno. 1
Vn. 1
Vn. 2
Va. 1
Vc. 1
Fl. 2
Ob. 2
Cl. 2
Vib. 2
Pno. 2
Vn. 3
Vn. 4
Va. 2
Vc. 2
Db.
mf

432
Fl. 1
Ob. 1
mf
Cl. 1
Vib. 1
Pno. 1
Vn. 1
Vn. 2
Va. 1
Vc. 1
Fl. 2
Ob. 2
Cl. 2
Vib. 2
Pno. 2
Vn. 3
Vn. 4
mf
Va. 2
Vc. 2
Db.

437
438
Fl. 1
Ob. 1
Cl. 1
Vib. 1
Pno. 1
Vn. 1
Vn. 2
Va. 1
Vc. 1
Fl. 2
Ob. 2
Cl. 2
Vib. 2
Pno. 2
Vn. 3
Vn. 4
Va. 2
Vc. 2
Db.

442
Fl. 1
Ob. 1
Cl. 1
Vib. 1
Pno. 1
Vn. 1
Vn. 2
Va. 1
Vc. 1
Fl. 2
Ob. 2
Cl. 2
Vib. 2
Pno. 2
Vn. 3
Vn. 4
Va. 2
Vc. 2
Db.

447
Fl. 1
Ob. 1
Cl. 1
Vib. 1
Ped.
Pno. 1
Vn. 1
Vn. 2
Va. 1
Vc. 1
Fl. 2
Ob. 2
Cl. 2
Vib. 2
Pno. 2
Vn. 3
Vn. 4
Va. 2
Vc. 2
Db.

452
Fl. 1
Ob. 1
Cl. 1
Vib. 1
Pno. 1
Vn. 1
Vn. 2
Va. 1
Vc. 1
Fl. 2
Ob. 2
Cl. 2
Vib. 2
Pno. 2
Vn. 3
Vn. 4
Va. 2
Vc. 2
Db.

456
Fl. 1
Ob. 1
Cl. 1
Vib. 1
mf
Pno. 1
mf
Vn. 1
mp
Vn. 2
mp
Va. 1
mp
Vc. 1
mp
Fl. 2
Ob. 2
Cl. 2
Vib. 2
mf
Pno. 2
p
Vn. 3
mp
Vn. 4
mp
Va. 2
mp
Vc. 2
Db.
mp

461
462
Fl. 1
Ob. 1
Cl. 1
Vib. 1
Pno. 1
Vn. 1
Vn. 2
Va. 1
Vc. 1
Fl. 2
Ob. 2
Cl. 2
Vib. 2
Pno. 2
Vn. 3
Vn. 4
Va. 2
Vc. 2
Db.
mp
p
p

466
Fl. 1
Ob. 1
Cl. 1
p
Vib. 1
p
Pno. 1
Vn. 1
Vn. 2
Va. 1
Vc. 1
Fl. 2
mp
Ob. 2
Cl. 2
Vib. 2
Pno. 2
Vn. 3
Vn. 4
Va. 2
Vc. 2
Db.

471
474
Fl. 1
Ob. 1
Cl. 1
Vib. 1
Pno. 1
Vn. 1
Vn. 2
Va. 1
Vc. 1
Fl. 2
Ob. 2
Cl. 2
Vib. 2
Pno. 2
Vn. 3
Vn. 4
Va. 2
Vc. 2
Db.
mp
p

477
476
Fl. 1
Ob. 1
Cl. 1
Vib. 1
Pno. 1
Vn. 1
Vn. 2
Va. 1
Vc. 1
Fl. 2
mp
Ob. 2
Cl. 2
Vib. 2
Pno. 2
Vn. 3
Vn. 4
Va. 2
Vc. 2
Db.

480
Fl. 1
Ob. 1
Cl. 1
p
Vib. 1
Pno. 1
Vn. 1
Vn. 2
Va. 1
Vc. 1
Fl. 2
Ob. 2
Cl. 2
Vib. 2
Pno. 2
Vn. 3
Vn. 4
Va. 2
Vc. 2
Db.

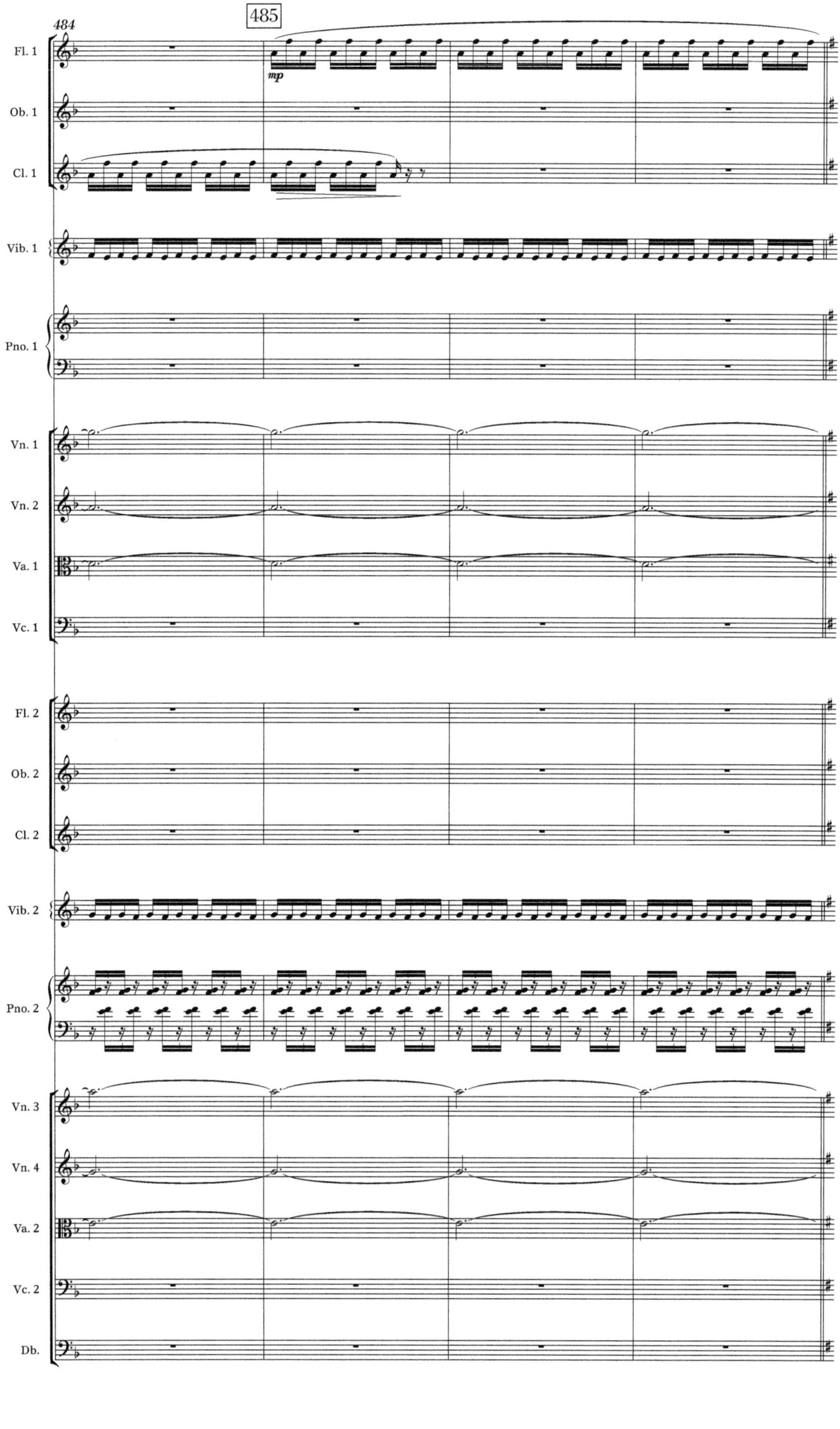
484
485
Fl. 1
mp
Ob. 1
Cl. 1
Vib. 1
Pno. 1
Vn. 1
Vn. 2
Va. 1
Vc. 1
Fl. 2
Ob. 2
Cl. 2
Vib. 2
Pno. 2
Vn. 3
Vn. 4
Va. 2
Vc. 2
Db.

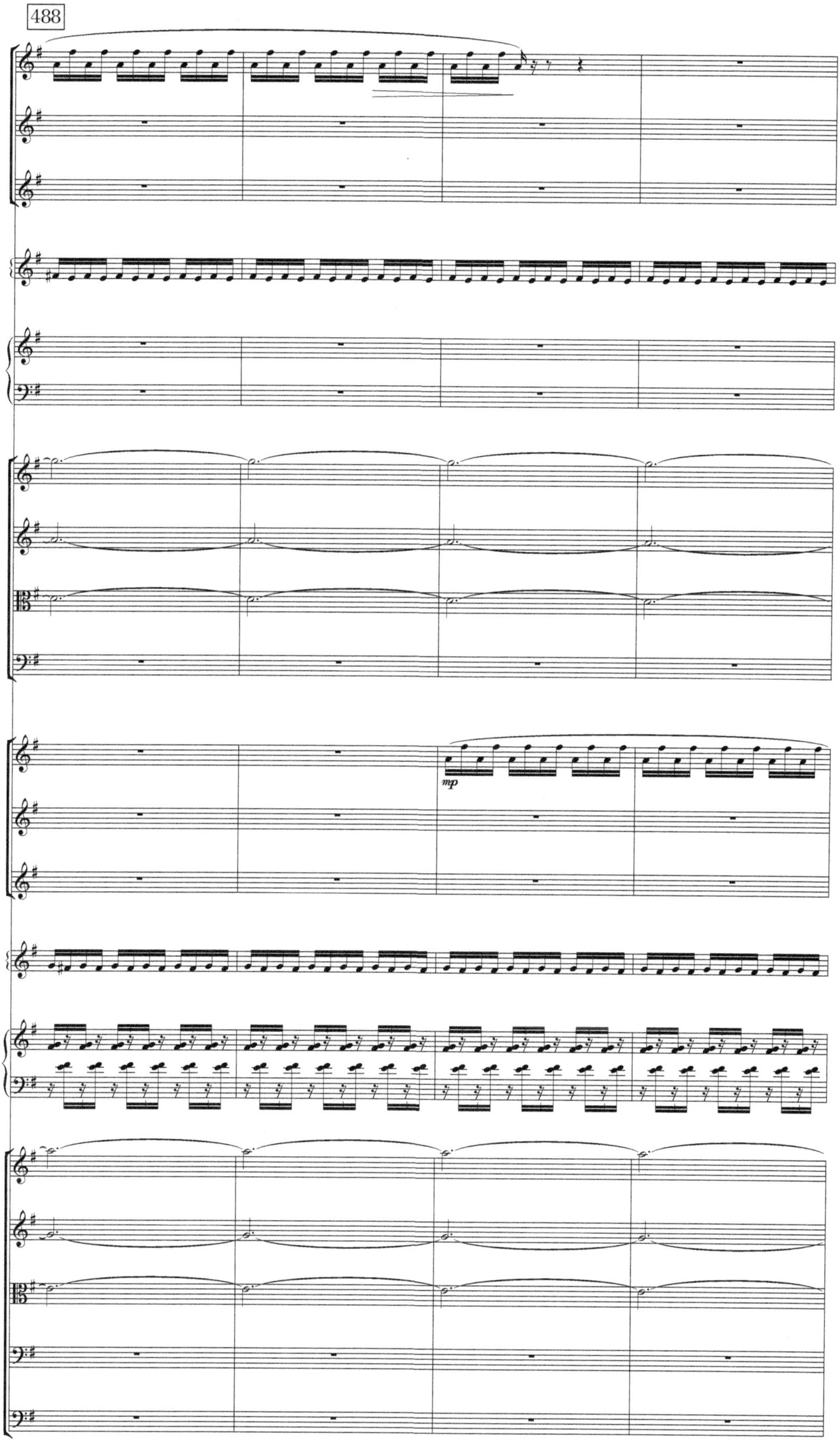
488
Fl. 1
Ob. 1
Cl. 1
Vib. 1
Pno. 1
Vn. 1
Vn. 2
Va. 1
Vc. 1
Fl. 2
mp
Ob. 2
Cl. 2
Vib. 2
Pno. 2
Vn. 3
Vn. 4
Va. 2
Vc. 2
Db.

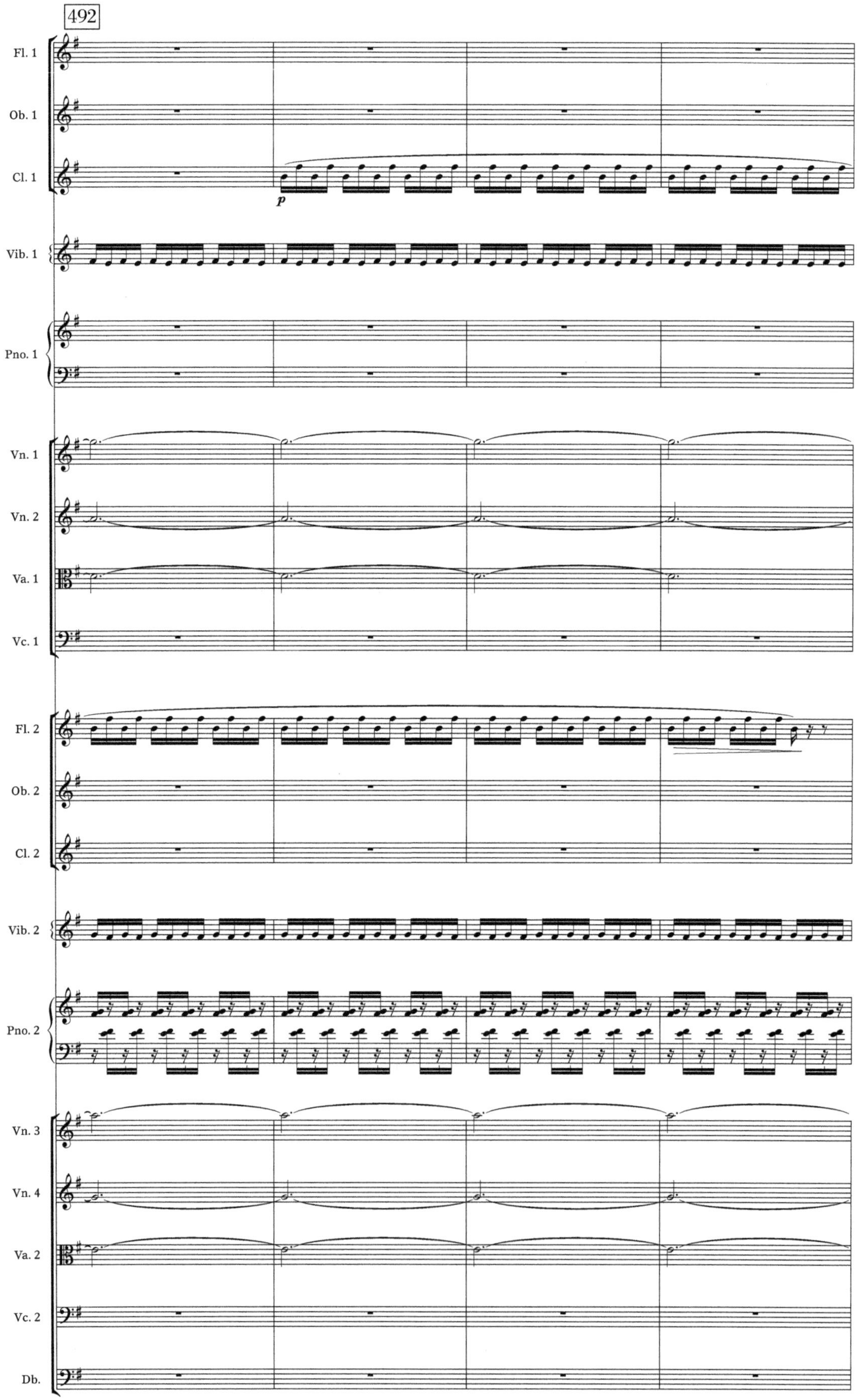
492
Fl. 1
Ob. 1
Cl. 1
p
Vib. 1
Pno. 1
Vn. 1
Vn. 2
Va. 1
Vc. 1
Fl. 2
Ob. 2
Cl. 2
Vib. 2
Pno. 2
Vn. 3
Vn. 4
Va. 2
Vc. 2
Db.

496
Fl. 1
mp
Ob. 1
Cl. 1
Vib. 1
Pno. 1
Vn. 1
Vn. 2
Va. 1
Vc. 1
Fl. 2
Ob. 2
Cl. 2
p
Vib. 2
Pno. 2
Vn. 3
Vn. 4
Va. 2
Vc. 2
Db.

500
Fl. 1
Ob. 1
Cl. 1
p
Vib. 1
Pno. 1
Vn. 1
Vn. 2
Va. 1
Vc. 1
Fl. 2
p
Ob. 2
Cl. 2
Vib. 2
Pno. 2
Vn. 3
Vn. 4
Va. 2
Vc. 2
Db.

504
Fl. 1
mp
Ob. 1
Cl. 1
Vib. 1
Pno. 1
Vn. 1
Vn. 2
Va. 1
Vc. 1
Fl. 2
mp
Ob. 2
Cl. 2
p
Vib. 2
Pno. 2
Vn. 3
Vn. 4
Va. 2
Vc. 2
Db.

509
Fl. 1
p
Ob. 1
Cl. 1
Vib. 1
Pno. 1
Vn. 1
Vn. 2
Va. 1
Vc. 1
Fl. 2
Ob. 2
Cl. 2
Vib. 2
Pno. 2
Vn. 3
Vn. 4
Va. 2
Vc. 2
Db.

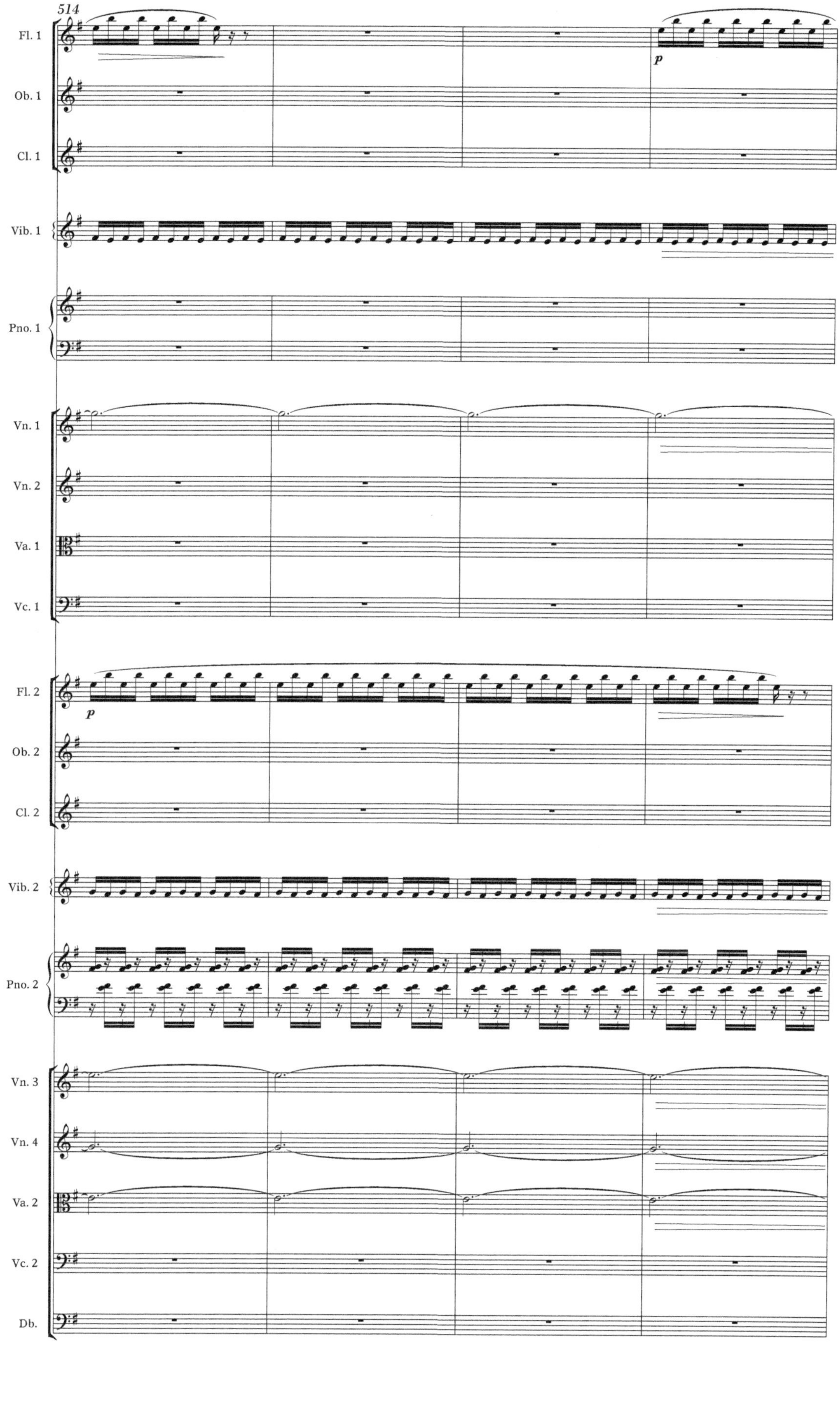

514
Fl. 1
Ob. 1
Cl. 1
Vib. 1
Pno. 1
Vn. 1
Vn. 2
Va. 1
Vc. 1
Fl. 2
Ob. 2
Cl. 2
Vib. 2
Pno. 2
Vn. 3
Vn. 4
Va. 2
Vc. 2
Db.
p

I Adar 2, 5776
February 10, 2016